CENTRE (FOCUS)

CENTRE (FOCUS)

Christina Goh

© 2020 Christina Goh

Éditeur : BoD-Books on Demand
12-14 rond-point des Champs-Élysées, 75008 Paris
Impression : Books on Demand, Norderstedt, Allemagne

Photo couverture M. Gaida, Graphisme pour Best of
Christina Goh, Yiixpe France, Graphisme pour Eveil, Réalité,
Mayu Kono Japon

ISBN : 9782322191772
Dépôt légal : Janvier 2020

Vous avez entre les mains la version imprimée de cet ouvrage, initialement, un livre numérique interactif toujours disponible sur application pour une expérience de lecture enrichie !

Confidence

*Cet ouvrage s'adresse aux amoureux de l'art et de la découverte ou à ceux qui souhaiteraient un peu plus comprendre les enjeux qui m'animent
depuis toujours.*

J'ai profité de la sortie de l'album « Best of Christina Goh » pour expliciter ces détails qui meublent les silences entre les vers et les notes musicales…

La remémoration de cette double décennie de carrière est un labyrinthe, voici mon fil d'Ariane…

*Humblement,
Votre servante, votre guide ou votre amie.*

Christina Goh

Comme les pappus du pissenlit…

Une mise au point complexe d'ancrage
Pour mieux se détacher…

Soigneusement donner !

Le fil conducteur

L'équilibre… Non pas pour la balance en elle-même, mais pour son mouvement.

Ce procédé entre le poids des extrêmes qui permet d'avancer… Trace indélébile… Même dans le vide.

Gloire au trait d'union !

C'est bien lui qui permet de déterminer ce que nous voulons comme centre de tout.

**1/4
En équilibre...**

Et après ?

« En équilibre
Je suis en équilibre certain
En équilibre
Mais pour combien de temps enfin
Pourrai-je tenir sans avoir faim ?
Sans avoir faim

La vie qui joue, qui roule
Et moi presque trop saoule
Pour écouter la candeur
Des jours qui se déroulent
Mais sans chaleur, sans ton odeur...

Et trop d'éclaboussures
Sur mon âme peu sûre
D'entendre ta candeur
Toucher ta peau si pure
Mais j'ai peur, sans le cœur...

Et je sens l'envie qui monte
Te conquérir sans mot dire
Et je vois ton désir...
Oh ! Que je remonte le temps
Sans mot dire

En équilibre
Je suis en équilibre certain
En équilibre
Mais pour combien de temps enfin
Je veux tenir sans avoir faim
Sans avoir faim

La vie qui joue, qui roule
Et moi presque trop cool
Pour écouter la candeur
Des jours qui se déroulent…
Mais sans peur. »

En équilibre – Paroles extraites de *« Christina Goh Concept »* *(2010).*

Atteindre l'équilibre et mourir…
Comme une fin en soi, un compliment absolu : « Comme tu sembles équilibré ! »

La recherche de l'équilibre, j'en ai fait un de mes sujets d'exploration de base, cette quête d'un état stable, de repos, soumis à des forces qui se compensent… Au figuré, l'équilibre suggère une maîtrise de son environnement, une paix au moins intérieure. Dans une société agitée, mal connue, parfois confuse ou torturée, il peut paraître tel un graal, gage d'une réussite personnelle. Cet air d'apaisement se forge parfois pour certains au dépens de contraintes imposées dans la douleur. Ne s'agit-il pas d'avoir réussi à « apprivoiser » les redoutées impulsions ?

En 2019, quand j'écris le spectacle « Le Prix » illustrant l'intériorité de dix héroïnes de la Comédie Humaine d'Honoré de Balzac, confrontées à des situations extrêmes à l'aube de l'application du Code civil Napoléonien en France, Balzac me permet d'aller plus loin que je ne l'aurai jamais imaginé. Chacune de ses héroïnes est une part de nous, en lutte d'abord avec elle-même, en quête éperdue d'harmonie. Un équilibre pour lequel elles seront prêtes à payer le prix… Quel qu'il soit.

« Je sais… Mais je dois…»
« Le Prix (2019 version) » pour illustrer le personnage Clara de Beauséant. Album « Best of Christina Goh ».

L'intériorité et la conception de l'équilibre, je les avais déjà abordées dès 1999, mais sous une perspective très ciblée, avec l'écriture de la première version du titre « Invisible » en français qui sera édité en 2014.

Quand « Le Prix » traite d'un difficile processus d'harmonisation à l'intérieur de soi, la chanson « Invisible » souligne le désir intense d'équilibrer son intériorité avec l'environnement extérieur malgré ses mécanismes de défense psychiques.

« Marquée par le phénomène dissociatif selon P. Janet[1], Christina symbolise dans un texte simple, le contraste intérieur - extérieur sur une composition à la fois fluide et subtile qu'elle appelle son « puzzle musical »… Convaincue qu'en créole, « Invisible » prendra une nouvelle dimension, la musicalité de la langue mettant en relief le caractère torturé des couplets…»

Extrait « L'histoire de Invisible » sur le site dédié Invisible EP.

Dans les créations citées ci-dessus, l'équilibre est perçu comme une victoire.
Ce fil directeur est illustré poétiquement dans le recueil « Le concept en poèmes » écrit en 2010, où je

---

[1] Pierre Janet (1859 – 1945), philosophe et médecin français, créateur du terme « subconscient ».
https://www.universalis.fr/encyclopedie/pierre-janet

développe chaque chanson de l'album
« Christina Goh Concept » :

« Nos émotions, nos forces insoupçonnées
Je les reconnais quand elles dansent
Une réserve inexpliquée, se transforme
En liesse, au plus profond de soi...
C'est une assurance intérieure
Et silencieuse...
Une lumière ondoyante
Une fête de l'âme, une féerie de l'être
C'est l'équilibre... »

Je soulignerai même cette félicité, liée à un équilibre intérieur qui triomphe, dans l'essai illustré et fiction poétique « Blues Troubadour - Voyage en écriture de lumière » en 2017, en collaboration avec le photographe et auteur d'exposition Pascal Montagne.

Ici, l'épanouissement ne dure qu'un bref et fragile instant

(le temps d'être suspendu dans les airs).

« Saut dans le vide ?
Curieux monde de l'intérieur...
Où l'on trouve ses marques
Sans appui, sans leçons, en apesanteur...
Nouveau monarque de mon être,
Oui, je me suis envolé
J'ai ri, j'ai osé
Nul vide
Une seconde est une pérennité
Cet univers n'a pas une ride
Il transperce et gagne l'extérieur... »

Extrait – « Blues Troubadour - Voyage en écriture de lumière » de Christina Goh avec les photos de Pascal Montagne.

Raison de confiance pour beaucoup, l'homme dit équilibré est considéré comme précieux : on le suppose mature, épanoui, il sera admiré ou obéi en conséquence.
Que sait-il vraiment ? Peu importe.

« L'homme équilibré » et moderne, armé de la télécommande de sa dite expérience ou du fruit de ses méditations ou réflexions de toutes sortes, est censé zapper en toute sagesse, d'émotions en exaltations, sur son écran miroir...
Car être équilibré implique évidemment d'en avoir l'air.

Cependant, loin des déviances, beaucoup d'indices ne nous mènent-ils pas naturellement à cette considération toute précieuse de l'équilibre ?
La nature elle-même s'en mêle, quand on lit l'extrait du poème **« Où l'on délaisse ce qui reste des souvenirs mirages chauds et froids »** du recueil « Fortitude : Poèmes et cheminement avec la vaillance » (2013).

**«...La tiédeur est rare, inestimable,
Sans rigueur, ni horribles négligences
Parfait équilibre des contraires...
Elle répond au sang qui coule
Dans nos veines... Tièdes.
Et s'harmonisent l'extérieur et l'intérieur... »**

Tiède comme le sang d'une personne en bonne santé. Loin des extrêmes. Soit.
Une existence « équilibrée », celle dudit repos au pays du lait et du miel, de l'extase, du paradis ? Mais que se passe-t-il ensuite ?

« Juste après » est un poème à étages aux rimes montées qui se lit en deux versions.
Le but du poème à étages, qui est une invention de mon fait, est de lier les vers au-delà des strophes par le sens et les fréquences.
Le poème se lit de manière commune : une strophe après l'autre, mais une deuxième lecture de base est

aussi et toujours possible : en priorisant la position des vers uniquement.
Je vous renvoie au blog dédié des Confidences Poétiques pour mieux connaître les règles des rimes montées, mais revenons plutôt à la question de « l'après équilibre » avec les deux versions du même poème qui suivent…

Juste après (poème à étage)

Viser l'équilibre
A tout prix
Supporter l'indicible
Yeux et bouche fermés

Vibrent encore les émulsions
Rit pourtant l'être de l'intérieur
Bible neuve des nouveaux libres
« Equilibré »… Et après ?

Fusion des âmes
Cœur sans peur
Du Tibre à l'Euphrate
Qu'est – il advenu ?

Lame pour dégager le chemin
Vainqueur des angoisses rémanentes
Spartiate dévoué à la cause ultime
Dû invisible. Il s'appelle mouvement.

Le Mouvement… Juste après.

Juste après (deuxième lecture)

Viser l'équilibre
Vibrent encore les émulsions
Fusion des âmes
Lame pour dégager le chemin
Le Mouvement… Juste après.

A tout prix
Rit pourtant l'être de l'intérieur
Cœur sans peur
Vainqueur des angoisses rémanentes
Le Mouvement… Juste après.

Supporter l'indicible
Bible neuve de nouveaux libres
Du Tibre à l'Euphrate
Spartiate dévoué à la cause ultime
Le Mouvement… Juste après.

Yeux et bouche fermés
« Equilibré »… Et après ?
Qu'est - il advenu ?
Dû invisible. Il s'appelle mouvement.
Le Mouvement… Juste après.

2/4
Non pas la balance en elle-même,
mais son mouvement

Une danse...

Il précède l'équilibre… Et le suit si on a choisi d'exister. Et c'est bien cette idée du mouvement omniprésent que j'ai imagée de manière sonore en réalisant la chanson à succès « The djembe song » écrite en 2014. Mon idée de base était de mettre en avant le dynamisme et la puissance que peut susciter le djembé, à la base bout de bois et de peau taillés, statiques, puis création hybride de l'artisan, endormie jusqu'à ce qu'elle soit réveillée par le musicien.

La percussion est personnalisée et s'exprime dans le poème qui suit, extrait du recueil que je publie concomitamment à l'album « 14 Mélodies (Live at Le Petit Faucheux France) » :

« J'ai dormi longtemps…
Pourquoi condamner le sommeil ?
C'est dans l'assoupissement
Que j'ai trouvé la force de me lever
Porté par le rêve…
   Ainsi je chante la vie qui subsiste
Ma peau frémit, raconte mes souvenirs
Enfouis… Ainsi se transforme mon sort
Au rythme des corps qui se meuvent…
La mort n'était pas la fin. »

The djembe song. Extrait du recueil « 14 Mélodies en confidences. poétiques – Intériorité et exploration inédite d'une histoire musicale ».

C'est l'idée d'une vie inédite qui continuerait autrement, la percussion s'en faisant l'écho et nous incitant à sortir de l'engourdissement.

Le djembé « chante » et la voix l'annonce puis le traduit. C'est bien l'idée de « The djembe song ». Dans cette chanson, tout est mouvements et rythmes, y compris vocalement, car je procède par impulsions comme une interprète des sons (en échos) émanant de la percussion.
J'écrirais les paroles de la mélodie bien plus tard, en fonction de chaque coup du djembé. Cette volonté d'un duo inédit sera maintenue lors du mixage et du mastering (traitement sonore) de l'œuvre.

Je reprendrai et développerai cette idée de personnalisation et de traduction vocale des instruments, notamment des percussions, dans le spectacle « Immersion – L'histoire des fréquences oubliées » dont toute l'histoire se déroule dans un rêve, monde où tout est possible.
Le ton est donné dès le départ avec la sollicitation du protagoniste désemparé qui s'adresse aux instruments dans la chanson « L'illusion du réel » :

« Je ne sais rien de ce que je crois connaître
Tout est noir sans l'illusion d'une lumière
Quand c'est plus clair,
Ce sont les masques qui se font contremaîtres

J'ai besoin d'en parler à quelqu'un
De confier tout ce chagrin
Toi tu sais quelle est la fin déjà

Toi tu es l'un de ceux qui
Utilisés, blessés, transformés
A trouvé l'amour pour parler

Alors dis-moi pourquoi je vis
Pourquoi je fuis dans la nuit
Pourquoi j'ai peur le jour de perdre

Alors dis-moi pourquoi
Dans mes rêves, tout est si vrai
Même sans lumière, tout est si clair
Et pourquoi je ne comprends rien. »

Dans une autre scène du spectacle, le djembé et le tambour bèlè me reprennent vivement, me demandent de les traduire fidèlement et nous demandent :
« Humains, avez-vous réalisé que vous êtes tous des percussionnistes dans l'absolu ? En faisant battre vos cœurs… »
Ils nous renvoient ainsi à l'écoute de notre percussion interne : prendre notre pouls, conséquence directe de notre gestion de la vie. Qu'en avons-nous fait ?
Cette thématique sera d'ailleurs soulignée dans le slogan du spectacle et répercutée dans l'ouvrage biographique « Du noir et blanc à la couleur – Extraits d'une vie » :
« Le cœur est un tam-tam. Il parle. Qui l'écoute ? »

Le mouvement…
Celui qui permet de ressentir ce qu'on pourrait ne pas voir…
C'est l'idée mise en avant par le personnage du trigonocéphale que je fais intervenir dans la fiction « Comme un oiseau - Dix messages extravagants pour un monde inénarrable » (2017) :

« De là où je me tiens, tes vibrations arrivent jusqu'à moi. Tout comme celles d'une myriade d'êtres qui peuple chaque parcelle de cette terre où tu marches…
Ami, tu vibres encore…
Et tu ne le vois pas… Apprends à ressentir…
Et tu sauras comment ne plus compter l'innombrable… Et toucher l'invisible. »

Ici le lecteur est invité à « ressentir », tout comme dans l'introduction de la chanson « The djembe song » :
« Je sais, tu le sens, tu sais… »

En tant que vocaliste, les vibrations font partie de mon quotidien. Mon travail avec les instruments percussifs n'ont fait qu'accentuer mon intérêt pour ces dernières.
Pour la réalisation du concert épique au Petit Faucheux à Tours en 2015 qui mettaient en avant basses et percussions, il fallait compter avec la gestion des vibrations omniprésentes des tambours et des multiples basses. S'assurer qu'elles transparaissaient jusque dans les CDs et DVD que tiendraient en main

les mélomanes. En effet tout mon chant et la façon dont je posais ma voix était conséquence de sons graves ressentis et entendus ce soir-là. En écoutant l'enregistrement de ce concert particulier (treize cordes de basses, tambour bèlè, djembé basse, djembé solo, gloé, shakers), il s'agissait de pouvoir, dans la mesure du possible, être exposé à l'intensité des vibrations captées dans le théâtre.

Mouvement et vie…
On est donc loin de l'idée d'un long repos éternel ou non.
Le ton n'était-il pas donné avec cet indice, le titre donné à mon EP : « Eveil » en 2008 ?
Dynamisme d'une nature dont on croit percevoir les ondulations sur la pochette élaborée par la graphiste japonaise Mayu Kono.

L'opus comprend le titre « En Pensée » où j'évoque la délicate nécessité de devoir se séparer alors qu'on aime toujours. Quand il semble ne plus y avoir de solution, quand la situation se dégrade et nous entraîne vers le pire. Situations difficiles de l'exil forcé :

**« Je rêve encore de toi
Mais je vois aussi comme tu m'oublies
Près de toi, je ne peux plus rester
Je me dois d'avancer. »**

Mais parfois rien ne semble nous obliger à bouger. Tout semble fonctionner comme il faudrait et le fait de sortir de cette illusion de repos ou de rêve éveillé a été symbolisé dans le court-métrage musical « Trouble code » en 2017 dont j'écris le scénario et où l'imprévu se présente comme l'aide incomprise de nos vies qui vient bousculer nos habitudes. Ici le shaker symbolise le grain de sable qui vient enrayer la machine qu'on croyait huilée...

**« Hommage au trouble si avisé
Qui sait si bien viser
Et nous échappe le moment
Qu'on croyait figé... »**

L'idée de mouvement sera illustrée par Mayu Kono sur la pochette de « Réalité » en 2018, avec une eau saisie dans

l'instant. Le refrain de la chanson phare de l'œuvre musicale est éloquent :

**« Je suis amie de la danse
Alors avec toi j'avance… »**

Dans le cas de « En pensée » et de « Réalité », avancer implique un effort : partir malgré le fait qu'on aime toujours ou bien accorder son pas avec celui du partenaire différent mais avec tout ce qu'implique le fait de ne pas partager le même schéma de pensée.

Avancer… Un thème qu'on retrouve sous un autre angle dans le titre « J'ai fui » où j'interprète une victime de maltraitances dans l'album « Christina Goh Concept ». Ici la fuite est plus que jamais une question de vie ou de mort : face à la violence psychologique ou physique d'un conjoint ou de proches, l'action devient vitale.

**« On se descend, on se ressent
La violence des sentiments
J'ai fui.
On se descend, on se ressent
La violence et le sang
J'ai fui. »**

Nul discours théorique, car de ce mouvement salvateur, je parle par expérience. Dans mon ouvrage biographique « Du noir et blanc à la couleur – Extraits d'une vie », je raconte comment bouger au bon moment m'a tout simplement sauvé la vie.

« …Mes compagnons d'infortune se terrent et s'encouragent à l'attente entre deux incertitudes. Ces sons de mitraillettes composent une musique menaçante qui ne me plaît pas. Je vais partir. Même à pieds.

Rester en groupe, cachée dans cette broussaille, des coups de feu en musique de fond, me semble plus dangereux que de chercher à gagner la sécurité bien plus loin.

Je demande si quelqu'un veut m'accompagner… Les chuchotements fusent :

« Imprudente ! Et une balle perdue, tu y penses ? Il vaut mieux rester avec nous. Les choses vont se calmer… »

Je ne crois pas.

Des militaires révoltés qui tomberaient sur un groupe isolé de civils n'est pas une image qui m'évoque l'optimisme. Je me lance, me mets à courir. J'entends les cris de ceux qui veulent me prévenir…

Les coups de feu sonnent toujours, tant pis. Si je devais tomber sous une balle perdue, au moins je l'aurai choisi… »

Extrait Autobiographie « Du noir et blanc à la couleur Extraits d'une vie » - Christina Goh

3/4
Gloire au trait d'union !

La nature a toujours été une carte
pour notre itinéraire sur cette terre…

La connait-on pleinement ?
On a pourtant et depuis toujours reçu
assez de lumière et d'indices pour mieux y voir…

**Nos rêves enfouis nous transforment en étoiles
Et si personne ne nous voit
Qu'importe
Qu'on nous croit ivres d'illusions, amoureux du moi
Quand naît libre l'inspiration
S'éclairent les vies, se dessinent les ponts entre les mondes...**

Laisser courir de Christina Goh - Album « Fusion »

Dans l'album « Fusion » édité en 2012, l'idée du mouvement est elle aussi présente mais couplée à une autre notion, celle de la transformation.

Le balancier, d'une étape à une autre, après un temps d'oscillation…
Un peu à l'image des pieds du corps, en appui puis en phase oscillante, pour finalement reprendre appui de nouveau. C'est le procédé d'une marche que l'on peut mener à son rythme. Le contexte de ce fait évoluera donc toujours, puisqu'on avance, et même en faisant du surplace, le sol sur lequel on se tiendrait serait modifié par des paramètres infimes !

Une métamorphose…
Dans la plupart de mes albums discographiques, la disposition des titres et les fréquences sonores sont des mécanismes au service de l'évolution d'un récit. Concernant l'album « Fusion », la situation part d'un d'échec absolu avec le titre « Faillite » (atmosphère plus électrique), jusqu'à une restauration complète, prenant en compte la réalisation d'un soi dans l'ensemble (ambiance complètement acoustique du titre « More of Us »). La chaleur de l'épreuve nous fait prendre conscience de l'essentiel pour nous laisser expurgés desdites vanités… Douloureux processus de « fusion », d'où le titre du disque !

Ce processus intense, dans ce cadre, est un chemin particulier dont le point de départ est l'échec au regard des perspectives sociétales.

L'influence de la poésie de Gérard de Nerval[2] et de son poème « Le point noir » ou encore celle du mythe de Dédale et de Icare[3] est présente. Pour rappel, dans « Le Point noir », le poète devient malvoyant après avoir essayé de contempler le soleil, victime de sa vanité et du désir de gloire. De même la figure mythologique antique de Icare, fils de l'ingénieur Dédale, perd la vie en désobéissant à son père : en s'approchant trop près du soleil qui l'enivre, la cire de ses ailes factices fond, pour sa perte.

J'évoque l'épisode d'une vie incandescente passée à fixer un astre trop brillant pour finir par échouer, dans la chanson « A l'aveugle », de « Blues Troubadour ». Cet album de quatorze titres est un parcours musical que m'a inspiré l'art de l'improvisation propre à l'expertise trobar et au Blues ryhtmique originel. Un titre instrumental, où la voix ne prononce aucun mot, « Blues Troubadour story », est entrecoupé à cinq reprises de chansons, étapes d'un périple, pour arriver à l'inspiration ultime du «Trouveur » : la transparence.
« A l'aveugle » est le troisième titre de cet album, en accordéon et voix, tout en brillance, correspondant au

---

[2] Gérard de Nerval (1808 – 1855), écrivain et poète français.
Lire le poème « Le Point noir »
https://www.poetica.fr/poeme-1227/gerard-de-nerval-le-point-noir
[3] Les Métamorphoses de Ovide. Découvrir de le mythe d'Icare http://www.ac-grenoble.fr/disciplines/lettres/podcast/BTI/Textes/248.htm

chapitre « Illusion ». Il illustre également une des héroïnes du spectacle « Le Prix », trop vite éblouie par la mondanité de la société et qui le paiera cher...

« Pardonne moi mon ami
Je marche à l'aveugle
D'errances en oubli
Et l'origine de douleurs
Qui déchirent nos cœur
A l'aveugle

Oui ta blessure est la mienne
Un enfer, en silence
Cette envie de partir
Ce besoin intrinsèque
Juste voir, reconnaître
Ne plus marcher
A l'aveugle »

Dans l'ouvrage « Blues Troubadour – Voyage en écriture de lumière » illustré par Pascal Montagne, le poème correspondant au titre « A l'aveugle » souligne bien ce que pourraient être les conséquences d'une vie consacrée à fixer le soleil ou à vouloir le représenter pour les autres :

« ...Et pour contrôler ladite vermine
Celle qui fossoie mes désirs
J'embrase ce que j'estime être le pire
Mon feu consume tout sur son passage
Jusqu'à mon ombre, agonisante dans la cage

**De mes ivresses. Dans la lave, elle se noie
De ce que je vois... »**

Pourquoi faire une fixation sur l'astre au risque de se détruire ?

Vouloir le soleil... Le fait que son symbole soit aussi celui de l'or (au regard de l'importance qui lui est donné dans ce monde) est parlant...

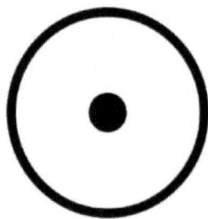

Le soleil, comme « gloire » ne compte pourtant pas pour une fin en soi. Ne serait-ce pas plutôt ses raies qui en font une étoile unique ?

Sans ses rayons qui nous impactent, connaîtrions-nous le soleil comme tel ?

Et dans les faits, bénéficierions-nous de ses effets de lumière et de chaleur sans le rayonnement rendu possible par ses ondes électromagnétiques (ultraviolets, rayons gamma, ondes radio…) filtrées par la couche d'ozone ?
C'est la valeur du rayonnement et son interaction avec ce qui compose la terre qui rend indispensable l'astre au quotidien.
Oui, le rayon de soleil, précieux trait d'union !
Pourquoi donc fixer l'astre à en dépérir, quand on pourrait à loisirs explorer toute l'étendue et les composants de ce que nous offre sa propagation ?

Dans une salle éclairée par une puissante ampoule, vais-je en profiter pour prendre en compte ce qui m'entoure ou bien vais-je passer ma vie à envisager la lumière au plafond ?

Explorer l'étendue du rayonnement du soleil (noter le mouvement que cela implique) nous révèle une part de notre propre nature : sur cette terre, notre action en croise d'autres, toutes s'inscrivent dans un même cadre ou cercle dans ce cas précis !

Dans l'ouvrage « Blues Troubadour, Voyage en écriture de lumière », les liens de cette « famille » sont imagés.

« De l'infiniment petit à l'immensité
Semblables et uniques, un royaume
Sans fin. Sans lésés.
D'air et d'eau nous sommes
De l'inapparent et du sensible
Une famille, une cible
Puissante fragilité ! »

Une terre illuminée aux multiples composants… Quelle alchimie qu'un rayon solaire qui nous fait voir et nous apprend les nuances.
Dans cet espace, le centre (focus) de chacun n'est plus un astre inaccessible, à moins de faire une fixation… A chacun de faire sa mise au point : que choisissons nous de rendre plus net et sous quelle lumière ?

Dans la fiction « Comme un oiseau – Dix message extravagants pour un monde inénarrable », il me semblait amusant de donner la parole à des éléments auxquels habituellement nous ne donnons pas de voix : l'eau, les atmosphères, les trépassés, les bactéries, les machines, la faune… La fiction était pour moi un terrain idéal pour une exploration d'une intériorité inédite, reflet du monde illimité dans lequel nous évoluons.

Ainsi, « les Atmosphères » s'adressent au lecteur dans le chapitre trois :

« Juste cette information qui vous aidera peut être si vous acceptez d'écouter…
Du ballet perpétuel qui se déroule tout autour de vous, vous êtes partie intégrante que vous en soyez conscients ou non ! Oui, c'est votre regard qui définit nos couleurs en lumières, c'est votre labeur qui dessine nos sillons. Nous sommes le livre ouvert de vos états d'âme…
Alors sachez-le : à chaque fois que vous vous plaignez de ce que vous appelez « temps » ou « saison », c'est vous-mêmes que vous critiquez…»

Le monologue de fin offert au lecteur propose une réflexion sur la complexité de ce qui compose chacun d'entre nous.

« Seul ?
Moi, dans mon corps composé d'eau et de l'infiniment petit. Beaucoup d'eau dans mon corps… Et si je devais compter mes cellules… Des milliards certainement… Sans compter les bactéries… Oh ! Finalement, je suis un immense système de multiples éléments interconnectés !

Comme une machine...
Tout ce monde en moi... Invisible à mes yeux. C'est fou, je ne suis pas seul ! Je suis avec moi !
C'est moi qui fait se mouvoir tout ce monde, en moi. Moi qui choisis de me lever, d'avancer ou de ne rien faire...
Jusqu'à présent, j'ai laissé tourner cette machine bien rodée je dois l'avouer. Fermer les yeux ... Et que m'importait ce qui me compose... Dans une ignorance et une inconscience absolue jusqu'à la maladie ou la souffrance... Je me croyais roi en ma demeure ! Qui m'aurait demandé des comptes ? »

Oui, de nos vies, que rendrions nous plus net pour une mise au point ?
Et que serait notre centre, notre focus ?

Cet ouvrage présentant ma perspective, je vous renvoie à cette phrase qui clôture la chanson « Mieux » écrite en 2017, car absolument tout dans ce que recouvre ce titre reflète le mouvement :

« ...Un texte sans faux fuyant, qui reflète l'évolution d'un point de vue de douleur et de victimisation à une vue plus globale moins auto-centrée. Changement également au niveau des fréquences utilisées en fonction des émotions développées par le texte. La voix suit ce périple sur trois octaves dans les extrêmes pour finir sur un apaisement qui laisse entrevoir une suite...»

Interview Quatre « pourquoi » à Christina Goh sur le titre phare « Mieux » sur le site dédié.

Tous les moyens (paroles, musique, vidéo…) sont utilisés pour arriver à cette conclusion, dernière phrase des paroles de la chanson :

« Et je sais comment fendre l'air »…

Pour rappel, cette expression signifie « traverser ou progresser dans l'air en effectuant des déplacements rapides ».
Et s'il me fallait développer cette idée, je vous laisse avec cet extrait de poème, extrait de l'ouvrage autobiographique de 2013.
La citation provient du poème qui illustre mon état d'âme après la confrontation entre moi, victime d'abus sexuels dans l'enfance et le tourmenteur :

« Où l'on disait : pardonner est aimer
Fadaise ! C'est le risque d'avancer...
Progresser dans l'inconnu, sans les mêmes
Repères... Toute autre... Découvrir
Entre deux larmes, qu'on peut être fort. »

Ici les larmes sont des étapes. C'est la force rassemblée pour aller de l'avant qui leur donnera de la valeur, à l'image du rayon de soleil dont l'action, conjuguée aux éléments terrestres, permet la vie sur cette planète.

L'équilibre… Non pas pour la balance en elle-même, mais pour son mouvement.

Ce procédé entre le poids des extrêmes qui permet d'avancer… Trace indélébile… même dans le vide.

Gloire au trait d'union !

C'est bien lui qui permet de déterminer ce que nous voulons comme centre de tout.

« L'essentiel »

- Est-ce ton rire que j'entends là ?
Tu y arrives encore, tu pleures...
De bonheur ? Qu'est-ce donc ?
Ne vois-tu pas tout autour
La douleur des nouvelles,
La terreur des lendemains
Qui déchantent et les blessures...

Tu souris encore ?
Mais pourquoi sembles tu heureuse,
Te reste-t-il encore un bien ?
N'as-tu perdu personne ?
C'est presqu'un blasphème
Cette maudite confiance... Quel avenir ?
Es-tu devenue folle ?

Nos prières ou nos peurs résonnent
Nos églises et nos bals sont remplis
La détresse règne en maître
Et toi, tu t'enchantes... Cette joie...
Indécente es-tu, insolente !
L'affliction t'a-t-elle aliénée ?
Es-tu encore saine d'esprit ?

- Oui.

Le deuil m'a appris à aimer plus fort
L'être chéri que je ne peux plus toucher

Le dénuement m'a donné l'imagination,

S'exercer à trier, à chaque fois, choisir

**Perdre parfois l'essentiel... Le retrouver...
Quant à l'extrême douleur... Vivre avec...**

**Se faire allié du temps... Et Guérir... Oui...
Rions ensemble... De nouveau.**

Veux-tu ? »

Extrait « Du noir et blanc à la couleur – Extraits d'une vie » - *Christina Goh*

4/4
Etoile… Espoir

Merci d'être arrivé au bout de ce fil.
Ici s'achève cette réflexion.

« En vérité, ça ne tient qu'à un fil
Il part de toi à moi
Suit les aléas de nos vies…

Qui pourra expliquer notre premier regard,
Le sourire qui gagne notre cœur
Chaque fois, la douceur complice qui sauve…

Et d'âme à âme, qui pourra prétendre
Que c'est affaire de classes, de statuts ou de races…
Folies…

En vérité, ça ne tient qu'à un fil… »

Extrait – Recueil de poèmes « Fort, utile et beau » - 2011 - Christina Goh

J'ai toujours écrit et chanté comme si l'oeuvre produite devait être la dernière...

Je me souviens d'un de mes premiers concerts à Paris en France. Très peu de monde, un petit restaurant. Heureuse d'avoir été programmée et cela s'entend ! En fin de concert, j'échange avec les présents et parmi eux, ce jeune homme enthousiaste qui insiste pour être informé de mon prochain rendez-vous musical dans la capitale. On parle de son ressenti et le temps de cet unique concert, nous avons été écho l'un de l'autre...
J'ai été son miroir.
J'apprendrai son décès dans un accident, peu de temps après notre conversation, par l'entremise de l'ami avec qui il était venu au concert... La vie nous l'apprend : les moments vécus ensemble sont précieux.

A toi qui me lis, qui m'écoute,
je veux soigneusement tout donner.

J'ai commencé ce métier il y a vingt ans.
Les applaudissements, les pleurs, la pauvreté, les palaces, la guerre, la rue, le petit village, le gala, deux personnes ou dix mille... Une chose n'a pas changé : la multitude de tes nuances... Celles que je vois se refléter en moi et que je chéris tellement
à écrire, chanter...

Oui, mon focus, c'est ce mystère qui nous unit.

Etoile... Espoir (Poème à étages)

Puissance des profondeurs
L'Espoir murmure et sourit
Avisé, se réserve, se dévoile
Mais il reste sobre, toujours

Leurre pour le brutal
Si on devait mieux le connaître...
Etoile de la nuit la plus noire, il serait... Mais,
Recours du fragile, ouïs-je dire, de l'impuissant

Sale réputation pour l'Espoir, oui,
Traître saison pour notre pureté... Et pourtant
C'est Espoir qui mène la danse malgré les apparences
Sinueusement, imperturbable, il trace un chemin
de lumière

Fi de l'outrage, entre les coups, les blessures
et les quolibets
Fend nos airs, se consolide, depuis le fond
de nos entrailles
Offense vibrante pour les illusions qu'il fait une à une
tomber
Fer de lance, il cloue au pilori notre défiance ! Vouloir
Espoir...

Espoir, protecteur du rêve !

Etoile... Espoir (deuxième lecture)

Puissance des profondeurs
Leurre pour le brutal
Sale réputation pour l'Espoir, oui,
Fi de l'outrage, entre les coups, les blessures,
les quolibets
Espoir, protecteur du rêve !

L'Espoir murmure et sourit
Si on devait mieux le connaître...
Traître saison pour notre pureté... Et pourtant
Fend nos airs, se consolide, depuis le fond de nos
entrailles
Espoir, protecteur du rêve !

Avisé, se réserve, se dévoile
Etoile de la nuit la plus noire, il serait... Mais,
C'est Espoir qui mène la danse malgré les apparences
Offense vibrante pour les illusions qu'il fait une à une
tomber
Espoir, protecteur du rêve !

Mais il reste sobre, toujours
Recours du fragile, ouïs-je dire, de l'impuissant
Sinueusement, imperturbable, il trace un chemin
de lumière
Fer de lance, il cloue au pilori notre défiance ! Vouloir
Espoir...

Espoir, protecteur du rêve !

Annexes

A propos de l'auteur

Christina Goh est une vocaliste, auteure-compositrice et essayiste française d'origine ivoiro-martiniquaise.

Au carrefour de la chanson réaliste, du blues et de l'acid-jazz, son univers artistique est atypique et pluridisciplinaire. Auteure d'une technique vocale pour accompagner les percussions à haute portée, la compositrice est également membre du Conseil d'Administration et secrétaire adjointe de l'Association Française pour la Percussion. Nominée aux IMA USA pour son éclectisme, membre du jury des 15èmes Independent Music Awards USA, l'écrivaine est contributrice pour la revue mondiale de la francophonie « Mondes Francophones ».

En 2018, elle initie le concours international de poésie "La Différence" en collaboration avec la ville française de Tours, l'Institut Français, l'ambassade américaine, le Musée des Civilisations et la Bibliothèque Nationale de Côte d'Ivoire.

Une douzaine de réalisations discographiques à son actif, en 2019, Christina Goh sort un best of distribué par le label international hongkongais Plaza Mayor Company Ltd. résumant une double décennie de carrière.

A son actif, le blog « More of Us Project » qui rassemble des nouvelles qui redonne le sourire.

« Centre (focus) » est sa neuvième publication.

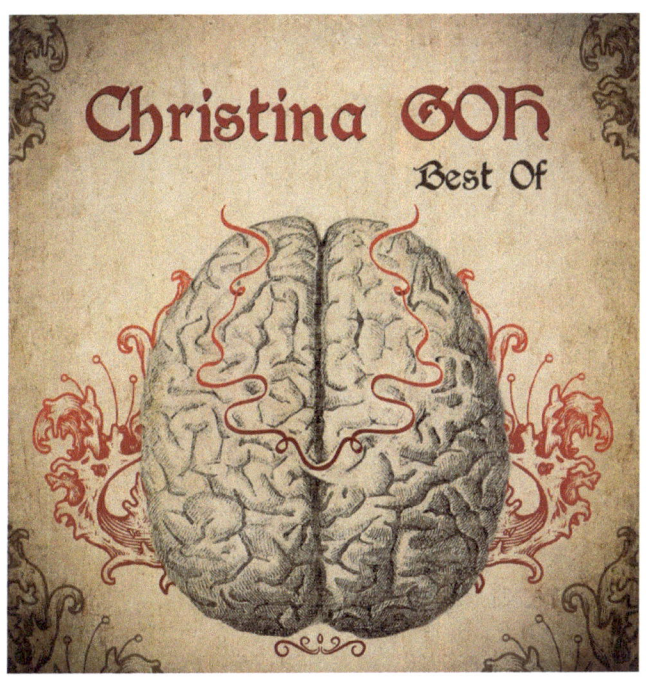

« Le cerveau sur la pochette du Best of est un véritable labyrinthe ! Un thème plusieurs fois analysé poétiquement par Christina Goh dans ses chansons. Sur le dessin, à vous d'essayer de trouver votre chemin… »

Table des matières

1. En équilibre 13

2. Non pas la balance en elle-même......... 25

3. Gloire au trait d'union !......................... 35

4. Etoile… Espoir…………………………………… 53

Annexes……………………………………………….. 61

Retrouvez Christina Goh sur son site officiel

christinagoh.com

Contact
info@christinagoh.com